EL ARCA

Mujeres que jugaban al escondite

A vosotras, que estáis aquí,
porque vuestra memoria
ha dejado huellas en estas páginas
que no van a jugar al escondite.

Y por todas ellas, que siguen ocultas
bajo la sombra del presente.

Esta obra es promovida para el tratamiento de la igualdad de género en los centros educativos, razón por la cual, a través de este código QR se puede acceder a las propuestas didácticas relacionadas con el libro, que han recibido el premio Rosa Regás, en la edición XVI. Se fundamentan en la necesidad de visibilizar la historia de las mujeres, ocultada y silenciada a través de los siglos, que hoy sí aprenderemos en las escuelas.

© Raquel Díez Real, 2025

© de las ilustraciones: Tamara Durán Salguero, 2025

© Prólogo: Elisa Constanza Zamora Pérez, 2025

© de esta edición: Algar Editorial

Apartado de correos 225 - 46600 Alzira

www.algareditorial.com

Diseño de la colección: Estudi Miquel Puig

Impresión: Grafo

1.ª edición: febrero, 2025

ISBN: 978-84-9142-792-6

DL: V-20-2025

Mujeres que jugaban al escondite

Raquel Díez

Ilustraciones de **Tamara Durán**

EL ARCA

algar

LA ÉPICA DE LAS MUJERES EN LOS RENGLONES DE LA ESCRITURA Y DEL VIENTO

Mucho hemos oído hablar de hazañas, batallas y esforzados trabajos realizados por héroes, caballeros o soldados admirables. Relatos de hombres recogidos en cantares de gesta, para ensalzar la figura del héroe, cuyos valores eran elevados a modelos ejemplares dentro de la cultura, y todo ello, teñido con la tinta de la masculinidad imperante durante milenios. Pero hete aquí que una queridísima alumna, y ya amiga y admirada escritora, me pide que prologue un libro en el que visibiliza las hazañas intelectuales de mujeres. Si bien cada vez son más conocidas, no deja de ser vital que, desde la más tierna infancia, sean escuchadas estas gestas en femenino, como conocemos al dedillo todo lo conseguido por los hombres.

Raquel Díez Real nos acerca a retazos, experiencias y logros de mujeres del ámbito de la literatura, la ciencia, el arte..., y a través de sus metros octosílabos y una rima romanceril, en los renglones de su libro *Mujeres que jugaban al escondite* nos muestra la memoria de una épica protagonizada por mujeres, en la que se narra el esfuerzo por hacerse un lugar en la sociedad, por elegir un oficio. Pero también parece ser creada para que sea cantada en los renglones del viento, porque sus poemas biográficos construyen un romancero en femenino, en el que ellas son las verdaderas protagonistas de su existencia. No son el objeto cantado: son escritoras , matemáticas, ingenieras, filólogas, ensayistas, feministas, paleontólogas, piratas y un largo etcétera.

Este formato a la manera de los romances será memorizado, asumido como propio por las niñas y los niños en la escuela, al calor del hogar o en actividades extraescolares, ya sea como breve poema o como canción; en ambos casos, lanzados al viento y fijados en la memoria colectiva, para que unos y otras tengan referencias de la vida y logros femeninos. Es necesario equilibrar los currículos y los cauces de la cultura, para que nunca más las niñas y las mujeres nos sintamos huérfanas de tradición, y recuperar la genealogía femenina, que jamás se debió ocultar. Así que he elegido este título para mi breve prólogo porque creo firmemente que en un futuro se recuperará toda la historia silenciada y olvidada, la otra historia, la que han escrito y tejido las mujeres. Y al hablar de genealogía femenina, me gusta nombrar a las que considero mis maestras, porque el patriarcado también negó el magisterio a las mujeres (de hecho, la palabra *magister* no tiene femenino en latín). Y quiero destacar que la primera vez que vi la palabra *épica* ligada a la mujer fue en un artículo de Eulàlia Lledó Cunill, «Épica y lírica de la maternidad». Desde que empecé a leer sus escritos, la he considerado una maestra en la distancia, y a ella debo la inspiración para este título.

Al leer y releer los poemas de este libro, me imagino un patio de colegio donde se corearán hazañas o relatos de mujeres, no solo por haber sido asesinadas, ajusticiadas, avergonzadas o reducidas a objeto de deseo —como nos tiene acostumbradas el romancero tradicional, en el que las menos son las dueñas de sus actos, o la cultura patriarcal imperante, a pesar de los esfuerzos coeducativos de la escuela actual—, sino por sus descubrimientos y hallazgos. Como nos aconsejaba Adrienne Rich en su libro *Nacida de mujer*, hemos de recuperar nuestro cuerpo, y, como ella profetizaba, no solo daremos a luz criaturas, sino también «visiones y pensamientos nuevos imprescindibles para apoyar, consolar y transformar la existencia». Pero, para que esto no sea una utopía, también hemos de recuperar una parte muy importante de nuestro ser: la voz. Pues es necesaria una apropiación del lenguaje que inunde todos los vericuetos de la cultura. Hemos de dar a luz textos que nombren a las mujeres, que cuenten y divulguen su protagonismo en la historia de la humanidad.

Al pensar en mi querida alumna Raquel, ya incuestionable escritora por su fértil producción, y en las sugerentes ilustraciones de Tamara Durán, cuya fuerza potencian nuestro imaginario, me vienen a la memoria los versos de la sacerdotisa y poeta sumeria Enheduanna, nacida en el 2286 a. C.: «Con gritos de parto [...] di a luz este himno». Ambas con este nuevo libro contribuyen a ampliar el caudal de los textos que luchan contra el olvido, a la vez que realizan un acto de sororidad con sus hermanas, las mujeres, visibilizando sus obras. Raquel –que pronto será madre– tendrá casi con fechas coincidentes este nuevo alumbramiento. Y así entrará en la doble experiencia de «dar vida» y «decir la vida».

Para cerrar tomaré prestadas las palabras de Eulàlia Llcdó, quien en el artículo antes citado afirma: «[...] Para que luego alguien nos diga que las escritoras se pusieron a escribir hace dos días, o como más pronto en el siglo XIX».

Y vuelvo a la «épica» para destacar que ha sido toda una épica de logros femeninos individuales y colectivos los que han restituido la dignidad de la mujer en el ámbito de la cultura y que con libros como este, dedicados a menores y mayores, se contribuye a que las obras y los hallazgos de todas «las hijas de Enheduanna» recuperen el lugar que la razón patriarcal les negó.

ELISA CONSTANZA ZAMORA PÉREZ

En las raíces del **TIEMPO**
las niñas fueron creciendo,
escondidas en la sombra
de un juego que **NO ELIGIERON**.

UNA HABITACIÓN PROPIA

En una habitación propia
escribe **Virgina Woolf**
las historias olvidadas
de unas voces silenciadas.

Abre todas las cortinas
para poder denunciar
los atropellos machistas
que hoy se van a destapar.

No hay barreras ni cerrojos
que le puedan imponer
al propósito valiente
de una **mente independiente**.

—¡Porque el pensamiento es libre!
—clama desde el corazón.
Y nos muestra con sus letras
el arte de la creación.

Rescata la dignidad
de una mujer admirable.
Ella es **Mary Wollstonecraft**,
¡tiene una fuerza imparable!

No quiere ser costurera
ni tejedora de seda.
No va a lucir vestimenta
de ninguna cenicienta.

Combatiendo al patriarcado,
rebelde y desobediente,
se niega a seguir dictados
de un patrón improcedente.

UNA PARODIA EN TRES PARTES

Tres siluetas aparecen
firmando en el horizonte.
Usan tinta disfrazada...
¿Serán las **hermanas Brontë**?

Ninguna piensa en casarse;
no les interesa el tema.
Sepultarán los prejuicios
en un libro de poemas.

Marian Evans nos deleita
con una novela inglesa.
Para ser reconocida
sella una huella escondida.

Su mascota no pregunta
ni juzga sus planteamientos,
pero escucha atentamente
cuando ella arruga la frente.

Lectora voraz, poeta,
traductora y periodista...
¡De tonta no tiene un pelo
esta aguda novelista!

Jane Austen, sin ataduras,
prefiere hacer travesuras.
¿Puede ser más divertido
romper con lo establecido?

Una parodia *en tres partes*,
dosis de humor e ironía.
¡No te pierdas esta trama!
Escrita por una dama...

Aurore **Dupin** desaprueba
la norma convencional.
Se atreve a cambiar los moldes
del círculo intelectual.

No usa traje de princesa
ni tacones de frambuesa...
Con atuendo masculino
planifica su destino.

Katherine Mansfield alumbra
una casa de muñecas.
¿Quieres ver la chimenea
después de hacer la tarea?

Hay sillas de felpa rojas
entre una alfombra lujosa,
y en el centro de la mesa...,
¡la lámpara luminosa!

Keiza descubre un tesoro:
el valor de la humildad.
En las cosas materiales
no se aprecia la amistad.

EL CLUB DE LITERATURA

Se oculta en la biblioteca
un talento extraordinario...
María Moliner reinventa
un flamante diccionario.

Su mérito no se premia
en la Real Academia,
pero su pedagogía
no entiende de ideología.

Y será todo un honor,
en un futuro escenario,
que las letras españolas
celebren su aniversario.

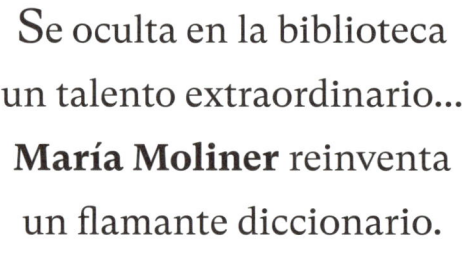

Devora **Beatriz Bernal**
libros de caballería,
una atrevida heroína
huyendo de la rutina.

Galopa sin rumbo fijo,
la osadía la acompaña,
buscando mil aventuras
en esta mágica hazaña.

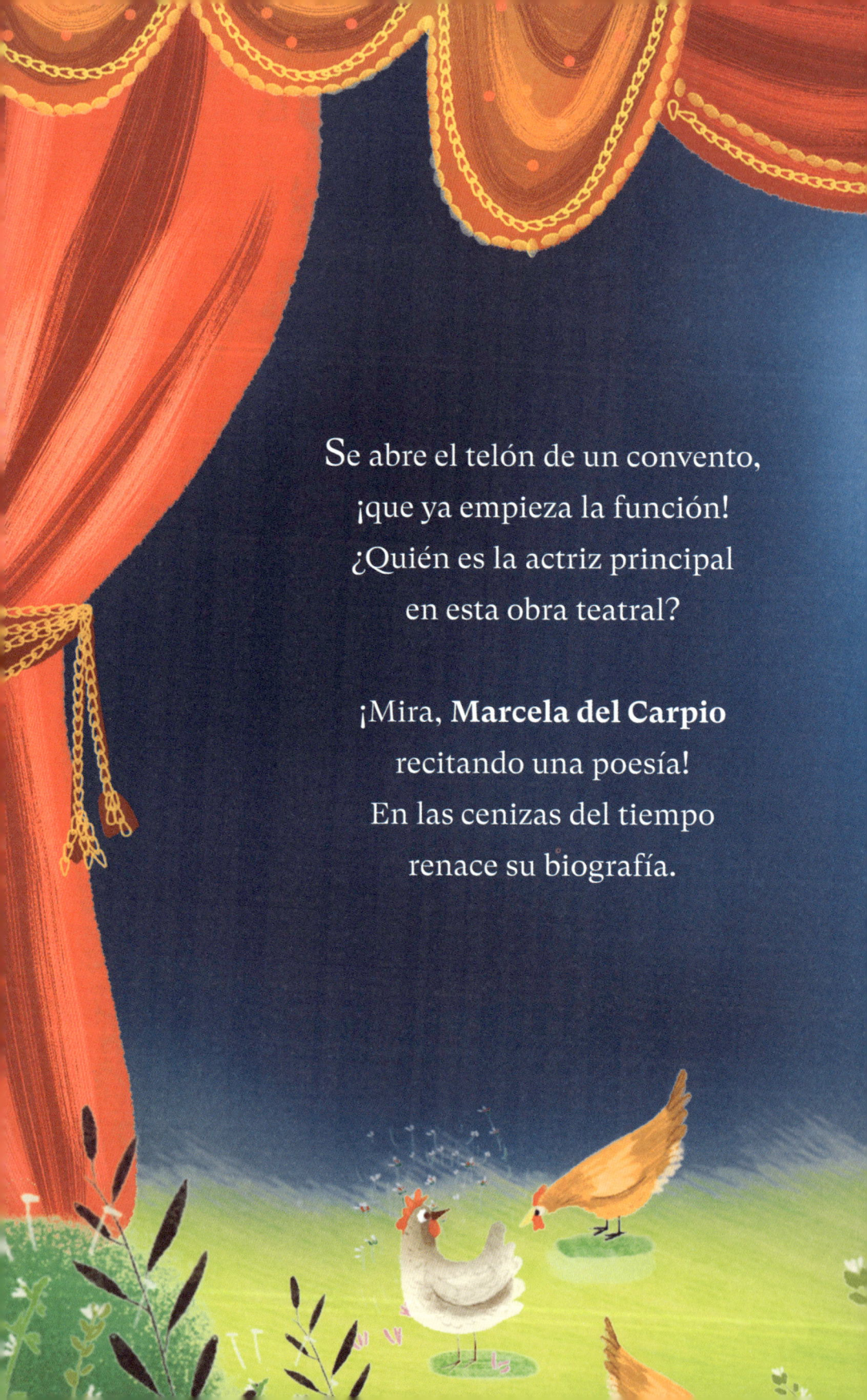

Se abre el telón de un convento,
¡que ya empieza la función!
¿Quién es la actriz principal
en esta obra teatral?

¡Mira, **Marcela del Carpio**
recitando una poesía!
En las cenizas del tiempo
renace su biografía.

Una gotita de agua
viaja en la Edad de Plata.
Intenta con su diario
conocer un escenario.

Lejárraga está cansada
de ser autora invisible.
No está en ninguna portada
aunque parezca increíble.

Para colmo, le han robado
a su perro enamorado.
Quizás pueda rescatarlo...
¡Venga, vamos a buscarlo!

Carmen Baroja se aburre
de planchar y cocinar.
Enfadada, planta cara:
—¡Me quiero independizar!

Se dirige, sin dudarlo,
al club de literatura.
Nada es más gratificante
que una dosis de lectura.

¿Qué le ha pasado a su duende?
En un tronco está dormido...
¡Despiértate, Martinito!
¡Hoy tu cuento se ha leído!

Cecilia Böhl en Sevilla
se atiborra de pasteles
mientras redacta una carta
entre gatos y claveles.

Ella tiene por costumbre
escuchar a la Gaviota.
Se ha propuesto renovar
el arte de novelar.

Al *lobo bobo* le advierte:
—¡No te dejes engañar
por aquella zorra astuta
que no para de enredar!

Carmen de Burgos revela
una exclusiva noticia:
Perico, «aquel del palote»,
no tiene pies ni cogote.

Es una mujer moderna
y no se piensa callar...
¿Le hacemos una entrevista
a la mejor periodista?

Su obra estaba prohibida,
no debía ser leída...
Pero ha partido el candado
¡y su libro se ha escapado!

En la cabaña del bosque
medita **María Zambrano**,
vislumbrando el firmamento
con una pluma en la mano.

La filósofa cuestiona:
«¿El tiempo es grande o pequeño?»
Y va trazando el camino
para comprender un sueño.

APOLO 11

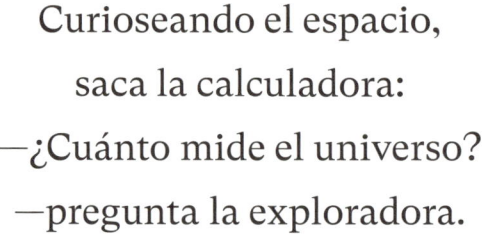

En Nubes de Magallanes
una astrónoma investiga...
Henrietta Leavitt se inquieta
cuando se acerca a un planeta.

Curioseando el espacio,
saca la calculadora:
—¿Cuánto mide el universo?
—pregunta la exploradora.

A través del telescopio,
su mirada es refulgente
como una estrella cefeida
que brilla resplandeciente.

Annie Cannon clasifica
un catálogo estelar.
Captura constelaciones
y hasta un eclipse solar.

Maria Winkelmann persigue
el rastro de una señal;
juguetea con los astros
en la aurora boreal.

Vagando en el infinito,
no se cansa de indagar...
Tras una lente secreta
¡ha descubierto un cometa!

¡Ya se han lanzado al espacio
las técnicas de la NASA!
Mary Winston, la ingeniera,
se coloca la primera.

Dorothy Johnson comprueba
una compleja ecuación.
Precisa la trayectoria
de una importante misión.

Katherine Coleman abre
la ventana universal.
¡Ya está el módulo lunar
a punto de despegar!

Batallando sin descanso,
con proeza, han derrotado
la segregación racial
del sector aeroespacial.

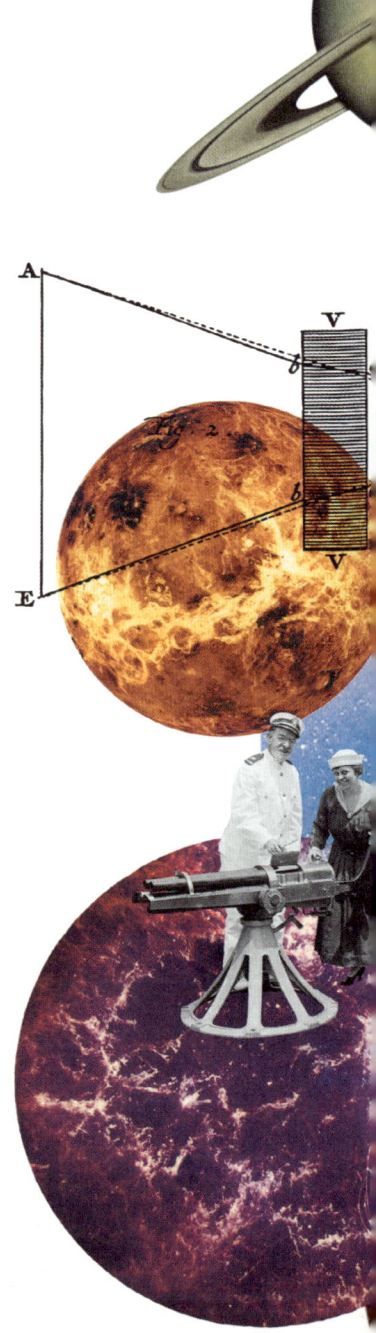

SOMBRERO AL VIENTO

Bajo el mar, **Maruja Mallo**,
se pasea en bicicleta.
¡Se ha convertido en marisco
la pintora pizpireta!

Inunda el lienzo de conchas,
de caracolas saladas;
y dibuja la raqueta
de su amiga, la poeta.

Tiene fuerza surrealista
esta peculiar artista
y más feliz que un pimiento
lanza su sombrero al viento.

Marie Quiveron rebrota
con un pincel liberado,
envuelta en el resplandor
de la luz y del color.

Huye del cuadro encerrado
en un jardín apagado.
¡Decídete, pega el salto!
¡Tú puedes llegar muy alto!

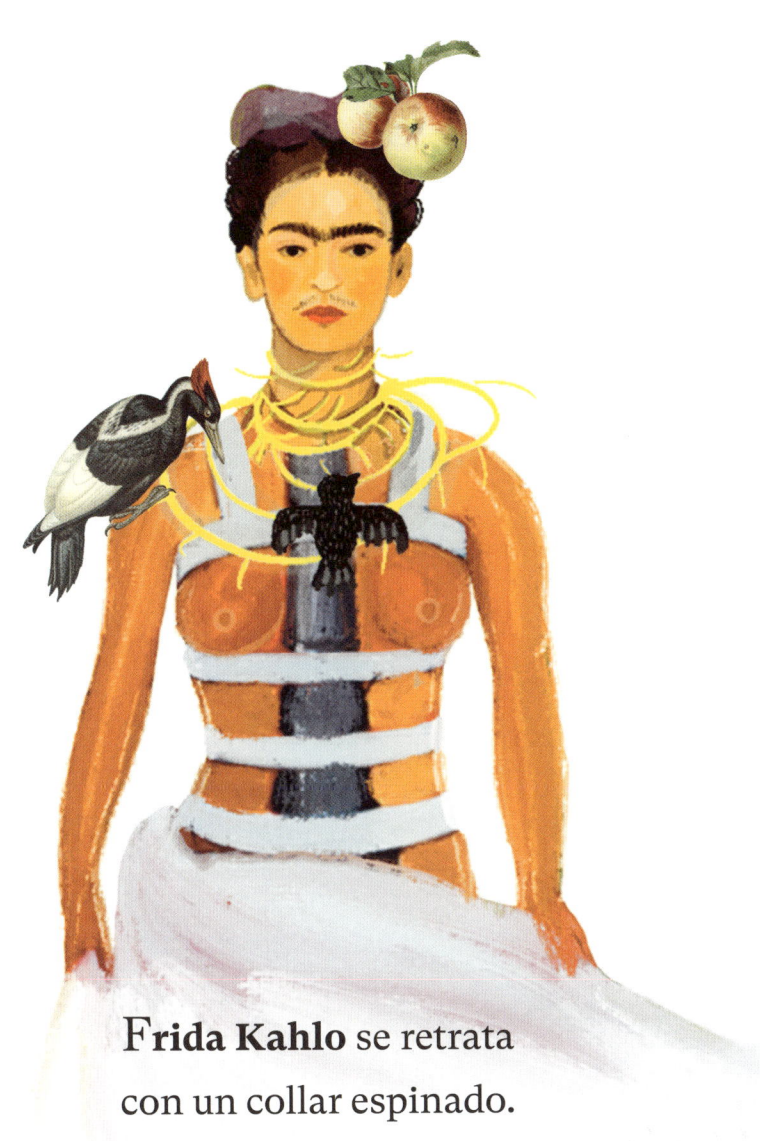

Frida Kahlo se retrata
con un collar espinado.
Apasionada y rebelde,
luce el cabello cortado.

En su pintura no hay sueños.
Ella expresa lo que siente.
Alza el vuelo con sus alas,
sobreviviendo al presente.

Ángeles de enormes ojos
retarán a un impostor.
Margaret Keane se presenta
para demostrar su honor.

¿Saldrá a la luz la verdad
de la auténtica creadora?
El falso dolor de hombro
se hundirá bajo el escombro.

Esboza **Maria Sibylla**
una colección de insectos.
Para explorar la lombriz
se la cuelga en la nariz.

—¿Es posible que un gusano
se transforme en mariposa?
—¡Es un gran descubrimiento!
—le responde la babosa.

Anna Atkins nos presenta
la ciencia en los fotogramas.
En páginas ilustradas
flotan algas azuladas.

Belleza y delicadeza;
¡un álbum que nos sorprende!
A pesar de estar vetado,
el arte siempre trasciende.

EL ICTOSAURIO

Hay tesoros enterrados
en fondos acantilados,
y unas niñas escarbando...
¿Qué será que están buscando?

Mostrarán la evolución
de una historia fascinante,
conquistando la teoría
de la paleontología.

En una costa jurásica,
Mary Anning se ha encontrado
el fósil de un ictosaurio
que revelará el pasado.

Su amiga, **Elizabeth Philpot**,
explora huellas de peces.
Mezcla el agua con la tinta...
¡Esto tiene buena pinta!

FOTOGRAFÍA 51

Rosalind Franklin descubre
las letras del ADN,
capturando la estructura
del misterio de los genes.

Dentro del laboratorio,
la doctora no se rinde.
Demostrará su valía
con una fotografía.

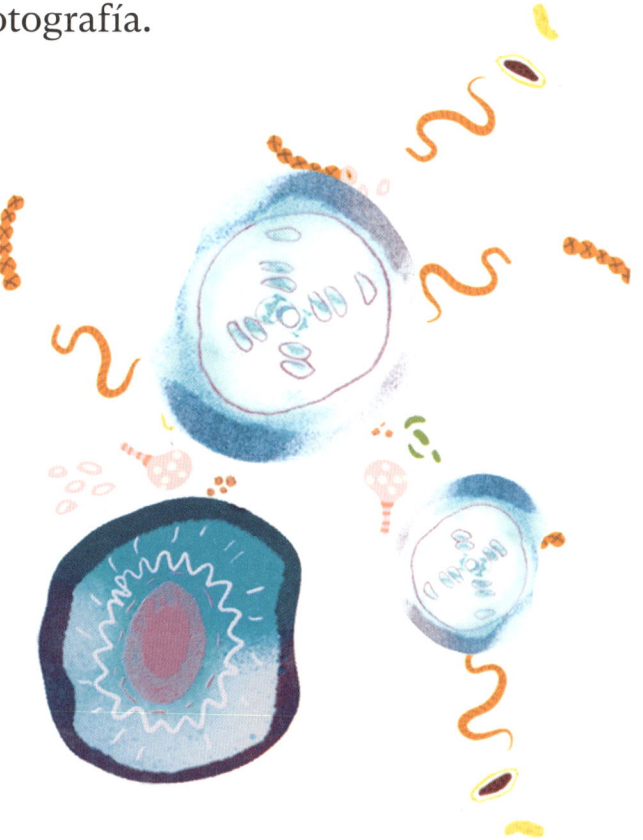

Nos desvela **Miriam Stimson**
en esta investigación
un hallazgo sorprendente
entre la fe y la razón.

Se tapaba los oídos
ante las palabras necias.
Tiene que mostrar al mundo
asombrosas peripecias.

Mezcla la luz infrarroja
con bromuro de potasio.
Este gran experimento,
¿tendrá reconocimiento?

¿Por qué no le dan un Nobel?
¡Su mérito es indudable!
La física es ignorante
ante el machismo imperante.

Mileva Marick cultiva
cálculo diferencial.
Nos revela los secretos
de su tesis doctoral.

Descubre algunos enigmas
de la relatividad.
¡Y es que es toda una eminencia
en el mundo de la ciencia!

En las leyes naturales
no todo es casualidad;
esta gran innovadora
no tendrá oportunidad.

En el gremio femenino
hay muros en el camino.
Bajo la sombra del genio,
no recibirá su premio.

Fig:1
Z
P
O
H
R
S
Q
N
6AQ5
5R4GY
6.3V.
5V.
Mod. Trans.
+ H.V.
+ 300
OD3
100 K 1W.
35h. 15ma.
+ S.G.
22V.
8µf. 450V.
Bias

En las notas de **Ada Byron**
hay un código curioso...
¿Sabes cómo descifrarlo?
¡Qué lenguaje misterioso!

Ha maquinado un programa,
una excelente teoría
que supondrá nuevos retos
para la tecnología.

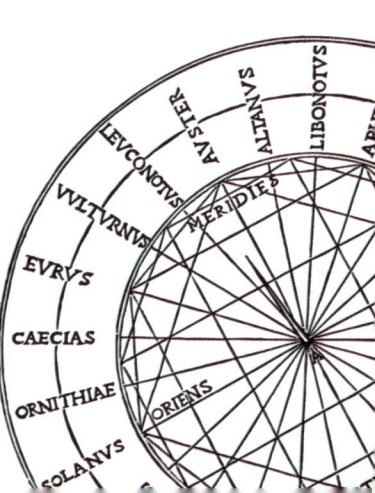

LA HIGIENE DEL CORAZÓN

Margaret Buckley prepara
una importante misión:
predicar por todo el mundo
la higiene del corazón.

Bajo un bigote y corbata,
oculta su identidad
para no ser delatada
por la injusta autoridad.

¿Y qué hace la cirujana
en esta isla perdida?
Pone al servicio sus manos
para alumbrar y dar vida.

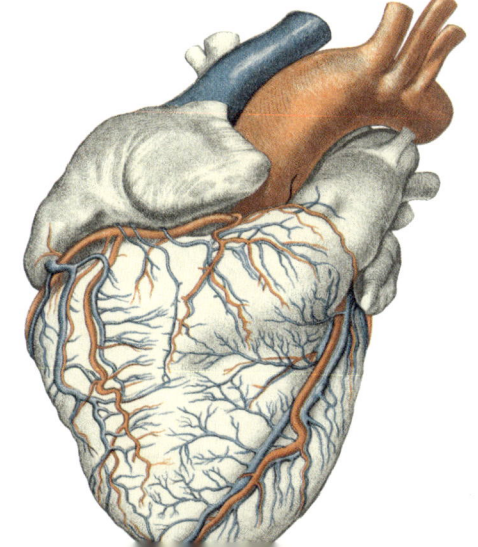

Una experta en medicina
en la Francia medieval
desafía con destreza
la praxis tradicional.

No tiene autorización
ni la licencia oficial.
Por ello será juzgada
ante el poder judicial.

Es **Jacqueline Félicé**
culpable en el veredicto:
condena por ejercer
siendo ella una mujer.

LA OCTAVA SINFONÍA

Flotan notas musicales
y un violín de fantasía
en el armónico sueño
de la octava sinfonía.

Maria Anna Mozart comparte
su talento impresionante,
enseñándole a su hermano
cómo se toca el piano.

En una escuela de canto
una partitura baila...
La melodía encantada
de una sonata olvidada.

¿Quién ha compuesto la obra?
¡Esta pieza es fabulosa!
Es de **Mariana Martínez**,
la intérprete más famosa.

BAJO EL ALERÓN

Una inventora construye
la maqueta de un avión...
Katharine Wright, camuflada,
vuela bajo el alerón.

Y va buscando la pista
de una intrépida aviadora
que el cielo va conquistando...
¡**Amelia** sigue volando!

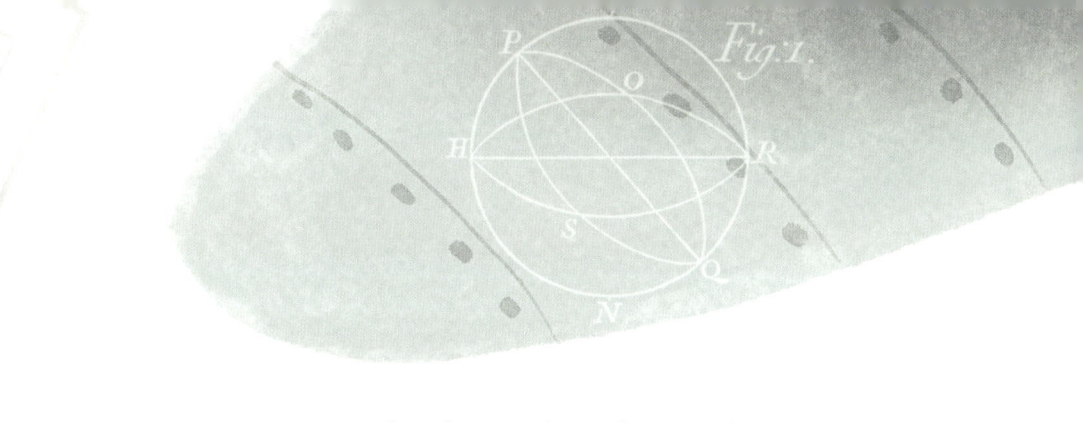

Quiso dar la vuelta al mundo
pilotando una ilusión.
Su ascenso hasta el infinito
es fuente de inspiración.

LLEGAR A LA META

Margot **Moles** se ha escapado,
veloz como una gacela.
Esta fantástica atleta
quiere llegar a la meta.

Partirá todas las piedras
que impongan a su carrera.
Corriendo con resistencia
traspasará la barrera.

No hay ninguna dictadura
que la pueda detener.
La pasión por el deporte
no dejará de crecer.

Buceando en la promesa
de que el triunfo llegará,
ella volverá al torneo
a levantar el trofeo.

LA LEYENDA

Surcando los siete mares,
una valiente pirata
desafía a los tritones
con una espada de plata.

Anne Cormac, la capitana,
rige la tripulación.
Contra vientos y mareas
sujeta firme el timón.

Mary Read, su compañera,
lleva el valor por bandera.
Otra guerrera temible
con destino impredecible.

Juntas vencerán tormentas
y a las bestias más temidas.
La trepidante contienda
se convertirá en leyenda.

SOÑAR SIN CENSURA

Con levita y pantalones
estudia **Concha Arenal**,
luchando por la igualdad
y la justicia social.

La educación y el respeto
son armas inteligentes,
capaces de desmontar
los preceptos excluyentes.

Clara Campoamor reclama
el derecho a la equidad.
¡Por el voto femenino,
que alce el vuelo en libertad!

Y así todas las mujeres
saldrán de sus escondites
para seguir la ilusión
que les dicte el corazón.

Podrán soñar sin censuras,
romperán las ataduras,
ELEGIR a quién amar
y a qué prefieren JUGAR.

POSTAGE 2ᴰ REVENUE

LONDON, E.C.
11¹⁵ AM
31 MAY
1948
E

Miss M. Taylor,
58, Warwick G
Kensingto

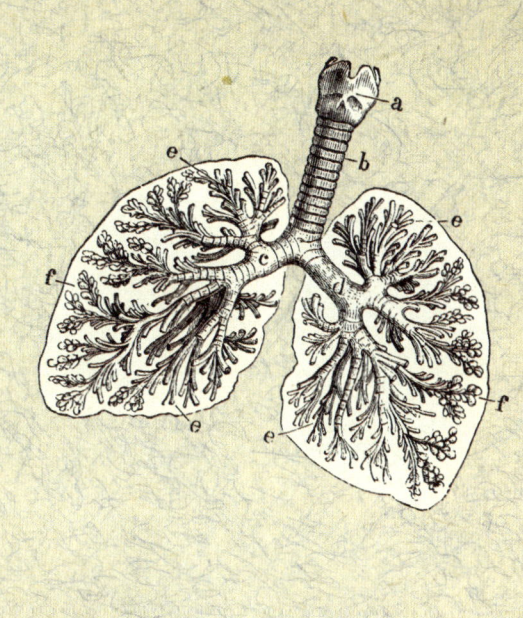